Davido Ilunga

Africain et fier de l'être

Davido Ilunga

Africain et fier de l'être

Éditions Muse

Imprint

Cover image: www.ingimage.com

Publisher:
Éditions Muse
is a trademark of
Dodo Books Indian Ocean Ltd. and OmniScriptum S.R.L publishing group

120 High Road, East Finchley, London, N2 9ED, United Kingdom
Str. Armeneasca 28/1, office 1, Chisinau MD-2012, Republic of Moldova, Europe
Printed at: see last page
ISBN: 978-620-4-97120-9

Dédicace

A nos très chers parents Gentil ILUNGA et Aimé KATUBALONDI, eux qui se sont sacrifiés corps et âme pour nous voir atteindre le sommet.

Hommages à Thomas Sankara, Mouammar Kadhafi, Laurent-Désiré Kabila, Patrice Emery Lumumba , à tous ce qui sont mort et tous ceux qui luttent pour la liberté totale et l'épanouissement du continent Africain.

CONSCIENCE

Pour l'intérêt d'Afrique,
Surtout la dignité de sa politique,
Pas seulement pour le bien de son peuple,
Mais aussi pour que le bonheur nous comble.

Nous sommes tous censé et concerné
Par le développement surtout l'unité
Si nous voulons vivre avec tranquillité,
Nous devons accepter de nous sacrifier.

Faire taire nos égoïsmes
Lutter pour le panafricanisme
Oublier parfois nos orgueils
Qui mettent chaque jour l'Afrique dans le cercueil.

L'unité de tous reste le seul moyen
De gagner le combat face à l'occident et l'orient.
Aimer son pays comme soi-même
C'est là le début du développement même.

Si on se base toujours sur les futilités,
Parler des conflits chaque jour sans repos
Contribuer à l'échec de l'autre pour la haine,
Mais là, nous devons supporter les peines.

Africain il est temps
Que tu ouvres les yeux autant
Afin d'imposer ta place au monde
Devant tout ce monde qui te croit vide

.

Si tu n'es concentré que sur ton propre bonheur,
Alors sache-le bien que les générations futures seront dans le même malheur.
Tous debout
Tenir jusqu'au bout

Pour défendre notre cher continent
Surtout main dans la main
Et aussi partager le même esprit,
Il n'y a que comme ça
Que l'Afrique peut se développer.

LES MAUVAIS SOUVENIRS

Ça restera à jamais dans nos esprits,
On n'oubliera jamais ce qu'ils nous ont pris
Oui, on en voudra toujours à l'occident,
Contre elle, on aura toujours une dent.

Des siècles plus tôt on, on nous volait,
On nous torturait comme des animaux,
Car nos richesses, ils le voulaient,
Et pour les prendre, ils devraient nous faire subir tous les maux.

Ô ! Mais quelle animosité ?
Occident, grave est ton erreur ;
Tu avais causé la terreur,
Tout arrachant avec impétuosité.

L'Afrique a trop souffert !
Ses dirigeants qui ont essayés de tout donner,
L'occident nous les ont arrachés.
Car entre Africains, ils se sont trahis.

Nos aïeux étaient vendus sans scrupule,
Par ces gens étant avide des richesses
C'était vraiment une période de tristesse,
L'Afrique était dans un sinistre bulle.

Emporté de force, on devrait y aller,
On devrait se taire, interdit de parler
Sous les regardes impuissants de nos guerriers ;
Nous fûmes emportés par ces vulgaires meurtriers.

Ils ont pillé toutes nos ressources !
Oui, l'Afrique demeure une grande source.
Chaînes aux cous et chaînes aux bras,
Ainsi étaient emportés les hommes braves.

L'esclavage nous a tous divisé
Notre union avait été brisée !
Notre origine a été effacée !
Un nouveau chemin a été tracé.

Nous n'oublierons jamais cette histoire,

Qui étais pour eux tous une victoire
Ça nous transperce les cœurs
Nous ne pourrons jamais digérer cette rancœur.

Le futur nous dira plus
Il est temps que nous puissions à notre tour prendre le dessus
Pour tracer seul notre meilleur temps
Et bien profiter du beau vent.

LA PUISANCE DE L'UNITE...

Au lieu de s'unir
On préfère s'exclure
Nous mettons nos égos au-dessus
Et comme conséquence, face au monde on ne pèse plus.

Au lieu de lutter pour l'intérêt commun du continent,
Nous cherchons personnellement les biens pertinents,
Si l'Afrique est de chacun pour soi
Alors croyez-moi, nulle part elle ne fera sa loi.

Plus personne dans ce monde ne nous doit du respect
Et dans nos propres sols, parfois on nous prend pour des suspects
Dans notre propre continent, on n'a aucun pouvoir
Moi je crois savoir le pourquoi.

On est avare et divisé
On ne forme plus une communauté
Et avec ça comment voulez-vous qu'on vive avec tranquillité ?
Si entre nous ensemble, la paix n'est pas visée.

L'unité africaine est très nécessaire
Et plus loin indispensable
Si vraiment on veut être capable
De combattre les nations qui se croient extraordinaire.

II

Voilà nous mourront de faim
Pourtant notre sol a une nourriture sans fin
Surtout nos richesses abondantes
Mais hélas, notre unité et volonté sont insuffisantes.

Nos richesses servent à enrichir
Nos ressources servent à nourrir
Les Etats qui nous aveuglent avec les aides
Or dans leurs cœurs, il y a des vides.

Aujourd'hui seul, nous vendons nos patries
Nous avons oublié nos fratries
Nous avons enterré nos cultures

Et le manque de nos valeurs nous conduira indigne devant nos ancêtres.

Peuple africain,
Peuple au pouvoir africain
Il est temps que tu reconnaisses qui tu es
Afin d'ouvrir les yeux et imposer ce que tu vaux

AFRIQUE MON AFRIQUE

Afrique mon Afrique,
Comme ton nom l'indique
Tes poches sont pleines de fric
Et ton sol plein de flic.

Mais votre politique
Monsieur mon Afrique
Est loin d'être authentique
Autant je rime pour la critique.

Afrique mon Afrique
Je t'aime
Mais pas ton système
Ni ton complexe comique.

A quoi nous sert cette indépendance ?
Si tes dirigeants se lassent dicter les règles à distances
Par les pays comme la France
Qui discrimine les couleurs et races.

L'Afrique de mes pères :
Mandela, Lumumba et Sankara ont souffert
L'Afrique pour qui Kadhafi est mort
Dans les bras de fer pour la liberté de nos frères.

A quoi auront servi tous ces sacrifices ?
De tout tes fils au nom de la patrie
Si chaque jouir en coulisse et sans trace
Si l'Afrique est vendue et trahie de toute sa philosophie ?

L'Afrique mon Afrique,
Il est temps de stopper et dissoudre
Toute relation qui parait en poudre
Afin que tu mettes fin à toute situation chaotique.

Afin d'imposer tes valeurs
Qui te mèneront vers ton propre bonheur
Car tes fils méritent mieux
Que ce qu'ils voient à leurs yeux.

Afrique mon Afrique
Tes dirigeants sont aveuglés
Et parfois prêt à te sacrifier
Pour des gens qui se masquent derrière les relations diplomatiques

Les femmes de ton peuple violées chaque jour.
Les hommes massacrés par des milliers
Et parfois dans les secteurs miniers
Les enfants contraints de demeurer orphelin en manque d'amour.

L'Afrique mon Afrique
Ta distraction et futilités doivent cesser
Tu dois zapper les critiques médiatiques
Afin de permettre à tes fils de vivre sans se stresser.
L'amour et l'unité te manquent

L'AFRIQUE OCCIDENTALISEE

I

Autres fois dévalisée, colonisée
Aujourd'hui l'Afrique est occidentalisée
Peut-on insinuer un néocolonialisme ?
Quand elle subit des pleins fouets l'exotisme

Noyée par le système de la mondialisation,
En supportant fortement l'influence des grandes nations
En termes de mœurs et l'éducation,
L'Afrique est à l'orée du progrès de la dénaturation.

Oui ! Paradoxalement
En embrassant l'évolution
Elle divorce tacitement
Avec des traits d'africanisation.

Elle n'est pas une référence dit-on
Nonobstant ses innombrables ressources
Je me demande si dans elle peut-on
Parler du développement dont elle est la source.

Mais hélas l'image de l'Afrique,
Fut ternie depuis l'époque classique
Par leurs fautes
Et aujourd'hui par la nôtre.

En perte de ses racines,
Oh je peux crier : déclin de ses repères
Qui de facto déterminent
L'identité de l'Afrique sur cette terre.

L'occidentalisation
S'impose-t-elle à l'Afrique ?
Vu les nombreuses exportations
Qui se dirigent vers les tropiques.

Vu l'informatisation qui se fait autour de l'occident
La décrivant comme modèle parfait
Avec ses cultures de liberté qui ne sont pas sans incident
Et sa démocratie noire, rouge et de vert.

Je réponds non ! Car à chaque territoire ses us et coutumes
Qui d'ailleurs se valent

Alors ridicule de dévaloriser certaines cultures
Pour s'en imposer à l'aval.

Oh ! Mon Afrique est en train de fondre
Et se confondre à d'autres cieux
Je le dis en tenant compte
De l'état de fierté qui disparait peu à peu de nos lieux.

De moins en moins d'Africains revendiquent leur africanité
Leur couleur de peau noire
Leur appartenance au berceau de l'humanité
Quel tableau noir !

II

On s'habille des moins en moins dans nos pagnes
Au profit des jeans et t-shirt extérieurs
On apprécie de moins en moins nos compagnes
Pour admirer celles d'ailleurs
Qui n'ont pas autant de richesses, de beauté et de charme
Que nos luxuriantes forets.

Ah ! On consomme de moins en moins
Nos délices faits à bases de maniocs et bananes
Au profit de leurs pains qui se vendent dans tous les coins et recoins
De nos villes qui pleurent les chômages.

On paie et écoute plus leur musique
Que la nôtre qui loue la beauté de l'Afrique
Qui traduis notre monde et ses réalités
Pourquoi ne valorise-t-on pas nos belles sonorités ?

Oh pourquoi négliger ce qui vient de chez nous
Et accepter ce qui vient de chez eux
Sommes-nous aveugle ou fous ?
En tombant dans leurs funestes jeux.

Africains retourne à l'authenticité
En valorisant tes qualités
En imposant tes valeurs
Afin de suivre la voie qui mène vers ton bonheur.

LES JEUNES DE MA GENERATION

Notre génération est égarée
Au parking elle finira par se garer.
Elle ne sait pas ce qu'elle cherche,
Elle s'en va sans filet ni hameçon à la pêche.

Cette génération qui n'adore que le luxe
Ses jeunes fils qui rêvent d'explorer les iles de Russes sans complexe
Mais ils n'aiment pas travailler
Et ils ne sont pas prêts à batailler.

Ils ne s'inquiètent que du présent
Ils n'ont même pas un comportent pertinent
Ils ne s'inquiètent pas du temps qui devient pressant
Et là l'avenir d'Afrique devient stressant.
Ils ne savent rien des leurs traditions
Et cela reste pour son peuple une affliction
Ils n'œuvrent aucunement pas pour le développement des leurs pays
Mais sont les premiers à critiquer chaque effort que fait l'autre pour le pays
Et à leurs parents, ils ne savent que désobéir
A la réputation de leurs proches, ils ne savent que le salir.

Ils promeuvent les mœurs de l'occident,
A travers les jeans et les vestes,
Cela devient visiblement un fâcheux incident,
Car ils affirment eux-mêmes que les autres continents sont les bests

Ils rêvent la richesse
Mais en se réveillant ils négligent le travail,
Ceci met en grande tristesse,
Car ils ne font rien qui vaille.
Ils ne sont experts que dans l'illicite,
Ils ne font rien mais le succès les excite
Et dans ces lancées, ils finissent en prison
Qui devient finalement leur éternelle maison.

Les autres meurent sans la volonté de Dieu
Car en voulant impressionner son milieu
Ils se créent d'autres chemins
Qui est loin de leur destin.
La jeunesse doit se prendre en charge
Les jeunes doivent cesser d'être une charge
Pour assumer leurs responsabilités

Et là nous seront prêt à bâtir un nouveau continent de qualité.

AUTOUR D'UNE CONFERENCE...

Autour de la conférence de Berlin,
Ils ont modifiés nos destins
Tout en changeant nos chemins
Et nous dire qu'on n'a rien en commun.

Ils nous ont fait croire,
Ils nous ont démontré
Que nous ne sommes pas un
Que nous n'avons rien en commun.

Entre nous,
Ils ont semé la haine,
Ils ont semé la confusion
Ils ont semé la guerre

Juste pour nous préserver dans cette division.
Avec quel intérêt ?
Moi je crois savoir pourquoi
C'est un constat amer.

Ils ont peur qu'on découvre l'impact de notre unité
Ils ont peur qu'on rassemble nos forces
Ils ont peur qu'on devient plus puissant qu'eux
Ils ont peur qu'on puisse fermer nos frontières.

Ils ont peur de ce qui peut se passer après
Ils craignent pour leurs économies
Qui sont enrichies par les ressources Africaines surtout.
Ils ont surtout peur qu'on puisse leurs rendre la vie difficile.

Et nous, inconscient que nous sommes,
Nous ne nous rendons pas compte de ce qui peut se passer
Si on arrêtait la guerre et s'inquiéter de notre unité
Et se rendre compte du potentiel en nous.

Il est temps
Que tout africain se lève et dise
« L'Afrique ou la mort, nous vaincrons »
L'Afrique c'est un Etat.

Il n'y a pas d'étranger noir en Afrique
Car il n'y pas d'étranger dans son sol.
L'Afrique serait mieux en unité
Réveillez-vous

CONTRE NOUS-MEMES…

Nous accusons les autres du racisme
Mais chez nous,
C'est plus que du racisme
Car le tribalisme est au-dessus partout.

Ces sont les tutsis contre les hutus
Les Katangais contre les luba
C'est la guerre des tribus
Les Zoulous contre les Haoussa

Et comment voulez-vous qu'on forme une communauté ?
Comment pensez-vous que nous méritons la tranquillité ?
Nous sacrifions les nôtres
Pour des petits frais qu'on nous offre.

Nous mettons en péril tout un continent
Le continent qui pouvait être au-dessus des autres
Mais hélas, notre haine pour nos propres terres,
Est plus que nos envies.

Nous combattons les nôtres qui ont la volonté
De changer l'Afrique et sa réalité
Au lieu de se réunir pour combattre les autres,
Entre nous, nous préférons nous détruire.

Nous sommes plus riches
Mais aussi plus divisé
L'Afrique est plus visée
Et pour l'avoir, il faut sacrifier l'Africain pour avoir l'Afrique.

Prenons conscience de ce qui nous manque
L'unité qui a disparu entre nous
C'est pourquoi nous ne ferons rien
Et nous n'irons nulle part

L'Afrique n'imposera rien dans ce monde
Si nous ne sommes pas unis
Africain réveille-toi.
Et face au monde, tu auras ce que mérite.

NEGRE, M'ONT-ILS APPELLES...

Nègre, m'ont-ils appelé un jour
Nègre, je le resterais toujours
D'une couleur noire d'ébène je suis fait
Ma couleur de peau elle est

Invitée à un bal de races
J'étais le seul noir
Ma seule présence à moi, fit taire toute une assemblée
Ébahis, ils étaient tous

Au milieu de la dance, j'avançais
Ils me regardaient de plus belle
Rouge, jaune, blanc, ils étaient
Ils se croyaient avoir des ailes

Pourquoi es-tu si noir ?
M'interrogea un blanc
Je suis noir parce que mon père à moi est aussi noir
Et pourquoi ton père est-il noir ?

M'interrogea un rouge
Il est noir parce que son père à lui était aussi noir
Et pourquoi le père de ton père était noir ?
M'interrogea un jaune
Il était noir parce que c'était sa couleur de peau.

De mes réponses, ils en rient
À dire que j'étais un rigolard
L'assemblée s'était prise de rire
Perdu au milieu d'eux, je ne trouvais rien de drôle

" Ta peau elle est noir comme du charbon
Ta peau est comme du goudron
Dans la sombre nuit on pourrait te confondre
À une certaine race d'animal rare "

Nègre, m'ont-ils appelé un jour
Nègre, je le serai toujours.

EXCUSE AU COUPABLE

Je croyais que notre amour serait pour éternité,
Mais en vrai, je me suis trompé !
Car aujourd'hui, j'ai beaucoup appris
Même si je crois que cela nous a surpris.

Surtout cette séparation m'a beaucoup appris
Que rien n'est éternel dans ce monde
Quel que soit le mal commis
On reste tous dans l'inquiétude.

Tu étais bon à mon goût
Tu avais beaucoup à faire et à donner
Pour moi tu étais le plus cher que tout
Mais hélas je ne peux plus continuer.

Ce n'est pas que je ne te veux plus
Mais ce juste que notre amour s'est transformé en peur
Et la peur de te perdre a pris le dessus
Puis a pris la place de mon bonheur.

Cet amour m'a fait douter
Que j'avais l'impression de rêver
Mais il ne faut pas que je me fasse les idées
Et que je ne devrais pas nier la réalité.

M'éloigner de toi en avance était pour moi une seule arme
Alors je l'ai fait pour ne pas finir en larme
Je pensais bien le faire,
Mais cela me chagrinait le contraire.

Aujourd'hui je peux dire que tu es rempli de remords
Car tu souffres à cause de mon propre sort
Par ma faute, tes rêves sont partis en poussières
Et j'ai poussé ton cœur à se taire.

Désormais à cause de moi tu te sens coupable,
Te rendre heureuse, j'en été incapable
Tu m'as tellement gâté
Et je me sentais étouffé et j'ai fini par te blesser.

Aujourd'hui je viens te le dire sincèrement
Avec un cœur plein d'amour et de reconnaissances

Que je t'aime et je t'aimerai toujours, plus loin de peser cet amour sur balance
Et je ne souhaite que te voir heureux sûrement.

Jamais je n'oublierai nos meilleurs moments
Et dans mon cœur tu es plus qu'un monument
Car bien qu'il existe longtemps il ne parle jamais
Mais toi, tes conseils resteront gravés dans mon cœur à jamais

Excuse au coupable,
Venir ne te le dire en personne j'en étais incapable
Et j'ai laissé mon cœur parler
Surtout permettre à mon cœur se libérer

Pardonne mon attitude
Oublie mes vieilles habitudes
Si le destin le prévoit on sera ensemble un jour
Et là ça sera pour toujours.

Je m'éloigne sans te quitter
Mais pour que dans mon cœur soit acquitté
Alors ne m'en veux pas pour moi
Mais essaie de protéger ma foi.

PERE, MERE, SŒURS, FRERES

Je préfère aller en guerre
Que de vivre la misère
Je préfère devenir militaire,
Conquérir toute la terre.

Combattre avec colère,
Fatigué de vivre les maux divers,
Fatigué de vivre cette vie amère,
Fatigué de ce monde de galère

Dégoûtant cette scène humanitaire,
La mort plutôt que vie, je préfère
Que la balle perce ma tête, me mette à terre
Que l'on me transporte sur civière

Que l'on me conduise au cimetière
Que je sois la proie des vers
Que ma chair se décompose en terre,
Et que mon sang se transforme en rivière

Une rivière qui fertilise le désert,
Une rivière qui ressource les hautes mers
Une rivière qui arrose les enfers
Une rivière héroïne, une rivière salutaire...

LA VIE HUMAINE EST SACREE

La vie humaine est sacrée
Le sang humain crie
Quand il est traumatisé
Devant Dieu, il crie.

Egorger pour s'enrichir
Mais qu'est-ce qui ne peut pas finir ?
Dans ce monde rien n'est éternel.
Oui nous devons cesser ces pratiques anormales.

Kidnapper pour tuer
Décapiter pour se faire de l'argent,
Laisse-moi te dire que, qu'il y aura un temps
Où chacun récoltera ce qu'il aurait semé.

Peut-être que pour remplir ses taches
De scolariser et nourrir ses enfants,
Elle sort très tôt matin se chercher un peu d'argents.
Avec amertume et beaucoup de soucis.

Par malchance, Elle vous croise
Se mettant à pleurer et vous supplier,
Pas pour sa vie,
Mais celle de ses enfants après sa mort.

Sans vous poser trop de questions
Vous commencez à planifier sa mort
Sans prendre même sa place,
Pour savoir combien souffriront après sa mort

Et voilà sans pitié
Avec un cœur rempli de haine,
Vous mettez fin à ces jours
D'une manière aussi tragédie.

Oh ! Mais qui est éternel ?
Dans ce monde tout le monde est passager
Et tu te crois plus malin et sage ?
La mort te fera oubliée ton niveau.

Pour une petite somme, tu souilles ton âme
Tu répands le sang de ton semblable,
Tu crois que cette somme sera capable,
De terminer tout tes désirs ?

Avant de faire tout acte,
Réfléchi bien si c'étais toi.
Car le jugement existe
Mais surtout devant Dieu,

Tu te justifieras.

LETTRE A LA FEMME AFRICAINE

Belle comme l'Afrique,
Femme, tu es magnifique,
Le monde te doit la vie,
Et moi, je te dois ma poésie.

Féroce comme une lionne,
Femme, à toi la couronne,
La lune te doit son sourire,
Et moi, je te dois mes soupirs.

Aussi précieuse que l'or,
Femme, tu es un beau trésor,
Le soleil te doit ses rayons,
Et moi, je te dois mes passions.

Très loyale comme dame la terre,
Femme, à toi tout l'univers,
La mer te doit ses vagues,
Et moi, je te dois une bague.

Plus importante que l'eau,
Femme, ta voix sait faire écho,
L'horizon te doit sa beauté,
Et moi, je te dois mes pensées.

Parfaite tel le jardin d'Eden,
Femme, tu es une belle reine,
Le roi te doit sa réputation,
Et moi, je te dois mes chansons.

Autant douée qu'une déesse,
Femme, tu es une princesse,
Le vent te doit sa petite magie,
Et moi, je te dois toute ma vie.

Plus parfaite que toutes les fées,
Femme, tu es synonyme de bonté,
Le phénix te doit sa romance,
Et moi, je te dois mon enfance.

Plus attirante qu'une licorne,
Femme, tu partages nos peines,
Le ciel te doit tous ses nuages,
Et moi, je te dois ces hommages.

LE CHOIX

Celui qui veut bien faire,
Ne cherche pas à se faire plaire.
Celui qui aime bien faire,
N'a pas d'amis mais des adversaires.

Celui qui veut bien faire,
Doit avoir l'attitude d'un inspecteur.
Celui qui aime bien faire,
Laisse faire ceux qui savent faire.

Celui qui veut bien faire,
N'a de soucis que ses affaires.
Celui qui aime bien faire,
Trouve difficilement des admirateurs.

Celui qui veut bien faire,
Se montre souvent très ouvert.
Celui qui aime bien faire,
Est de nature très strict et sévère.

Celui qui veut bien faire,
Transforme son calvaire en univers.
Celui qui aime bien faire,
Garde toujours les bras ouverts.

Celui qui ne veut rien faire,
Trouve toujours des excuses à parfaire.
Celui qui n'aime rien faire,
Ignore tout du monde des affaires.

Celui qui ne veut rien faire,
Cède la place aux experts.
Celui qui n'aime rien faire,
Passe son temps dans la galère.

Celui qui ne veut rien faire,
Se plaint de l'été à l'hiver.
Celui qui n'aime rien faire,
Est dangereux comme un Revolver.

Celui qui ne veut rien faire,
Trouve du confort dans la misère.

Celui qui n'aime rien faire,
Tantôt est obligé de se taire.

Celui qui ne veut rien faire,
Pense souvent à l'envers.
Celui qui n'aime rien faire,
N'a que le regret ou le remord à faire.

Celui qui ne veut rien faire,
Devient vert dans son pull-over
Celui qui n'aime rien faire,
Manifeste de la jalousie à travers.

Vois-tu mon frère,
La vie est faite de revers.
Qui pousse les courageux
À aller vers le meilleur

C'est à toi mon frère,
Bouge-toi-le derrière.
Sache que la réussite
N'est pas un mystère.

Arrête de te plaindre,
Et cherche plutôt à te parfaire.
Car l'avenir est tout ce qu'on espère
Dans ce monde sévère.

C'est ce message de frère
En forme de vers.
Que j'adresse à l'égard
De tous ceux qui ont tant souffert.

LE TEMPS VIENDRA...

Le temps viendra ....
Où chacun aura ce qu'il mérite
Quelle que soit la durée que ça prendra
Le sort de chacun est écrit

Oui ! Le temps arrivera,
Où chacun récoltera,
Ce qu'il a semé dans sa terre,
Avec joie ou avec regret

Croyez-moi le temps viendra,
Où les méchants, les scélérats,
Payeront amèrement pour leur crime,
Pour le rétablissement de la justice

Le temps viendra,
Où ceux qui ont fait d'énormes efforts,
Baigneront dans un grand confort,
Devant de sombres regards

Le temps viendra,
Où ceux qui ont été humiliés,
Seront hautement élevés,
En montant de grade en grade

Le temps viendra,
Où ceux qui ont fait du bien,
Recevront les fructueux résultats,
Qui rejailliront aussi sur les siens

Oui! Le temps viendra,
Où les orgueilleux,
Connaîtront une chute inéluctable,
Les transformant en des vanupieds

Ah ! le temps viendra,
Où ceux qui doivent jubiler, jubileront
Et ceux qui doivent pleurer, pleureront,
Car le temps enregistre nos actes

LA MONDIALISATION

La mondialisation,
La globalisation,
L'interconnexion,
Nombreuses sont tes appellations !

Toi qui trouble notre génération
Surtout avec tes nouvelles technologies de l'information et la communication
Et l'homme ne peut plus vivre sans connexion
Car la connexion devient une sine qua non condition.

Facebook, WhatsApp, Instagram et Snapchat nos meilleurs lieux de navigation.
Sans oublier Google et la télévision,
Téléphone, ordinateurs... nos moyens d'accession.
Désormais toi qui construit nos relations

Toi qui brise nos relations
Les proches n'ont plus notre attention
Seuls les lointains ont notre considération
Avec les proches on vit en particularisation

Avec les lointains on vit en association.
Tu es un pont d'union
Un pont de division
Avec toi on néglige le prochain

Et on valorise le lointain
Toi qui véhicules les fausses informations
Toi qui mets tout en circulation
Tu mets tout en diffusion

Tu mets tout en propagation
Grande est ton extension
Toi qui opère comme une fluide effusion.
Toi qui opère presque sans régulation

Abusive est ton utilisation
Les hommes t'utilisent sans instruction
Les utilisations sans modération
Et tu prends nombreux sous ta domination

Et ta suprématie met tout le monde en incarcération.
C'est juste mon assertion

Je pense qu'il faut prendre des dispositions
Pour contrecarrer ce fléau en inflation

Un fléau qui soumet au monde à ses injonctions
Un fléau qui effondre les hommes sans réflexion
A tout le monde est confiée cette mission
Une mission de la libération.

TON MEILLEUR AMI

Ne regrette pas d'avoir aimé,
Ne reprend pas ce que tu as donné :
Si les blessures il y a, prend le temps de soigner
Et permet à ton cœur de se reposer.

Tu ne savoureras rien sous le gout d l'amertume
Ce n'est pas toi qui es mauvais, garde ton calme.
Tes histoires seront belles si tu choisis seul ta plume,
Et ta confiance en toi te guidera plus loin que la brume

Sans te rendre compte que tu suivrais le bonheur
Lorsqu'une fois guérie rechantera ton cœur,
Ta conscience chassera la douleur
Et là toute ta vie sera dans la douceur

Au petit matin quand la joie trouvera ta main,
Surtout lorsque sans te blesser la paix chassera ton chagrin,
Une voix rassurante chuchotera le refrain
Avec des belles paroles qui colorent le destin.

Mais n'attend pas qu'on t'aime pour prendre soin de toi
Ne verse jamais tes larmes pour n'importe qui
Même si tu crois sans espoir, ne perd jamais ta foi
Surtout n'oublie pas qui est ton vrai et meilleur ami.

Ton meilleur ami c'est toi-même
Ta meilleure source d'inspiration c'est toi-même
Ne t'abandonne jamais dans n'importe quelle circonstance,
Plus tard tu comprendras ce que c'est la confiance.

JE SUIS UN ENFANT DE LA RUE

Vous ne m'aimez pas, je l'ai cru
La pitié ne vous inspire point
Quand je foule, arcentes, les rues
Tel un grand toqué orphelin

Qui somnole à la belle étoile
Sans jamais fermer ses cils
Quand la nuit envoie, glaciale
La brise torride de la ville.

Brise paralysant mon intestin
Corps dénudé de l'indulgence
Des animaux, de vous humains
Aux yeux rivés sur ma pitance.

Pitance que je mange à demi cuite
Amassée dans les immondices
Vomis par vos mains qui m'évitent
Me traitant d'enfant de vice.

Sous l'effet de l'astre radieux
Sont consumés tous mes haillons
Par vos mépris, regards odieux
Qui me crachant les malédictions.

A cause de ma maudite mine
Mon sourire, face à vos attitudes
Qui trépasse dans la solitude
Dans la misère de la famine.

PERSEVERE

Tu sais les douleurs font grandir
L'essentiel c'est de savoir tenir
Se dire malgré les cris du cœur,
Et qu'après l'orage, viendra le bonheur.

J'ai trop mal tu sais ?
Pourtant qu'est-ce que je n'ai pas fait ?
Pourquoi c'est si difficile ?
Mais regarde comme tu vacille.
Tiens bon, ne te livre pas au désespoir
Ecoute ! En te rêves, ne cesse jamais d'y croire

La vie peut être rude, franchis les barrières
Et tu verras au bout du tunnel, la lumière.

J'ai beau espérer
Dommage ! Cela n'a rien donné
Ces arrières sont ci-hautes
Dis-moi comment comprendre ces notes.

Ne te sous-estime pas voyons
Gravis avec courage les excellons
Oui ! Tu peux crois-moi
Je sens cette force au creux en toi.

Comment fais-tu pour avoir ce mental ?
Ce problème n'a quand-même rien de banal
Comment peux-tu en être si sûre ?
Aidez-moi j'ai besoin d'une cure.

Dans ma vie, j'ai vécu le pire mon cher
J'ai erré dans le néant, sans repère
Et pour atteindre la cime tant convoitée
Des me chutes, j'ai appris à me relever.

Plus tard tu finiras par comprendre pourquoi
Tu as cru en tes rêves avec sourire à chaque fois
Cela n'est pas chose aisée tu le sais bien,
Mais tes efforts ne pourront jamais restés vains.

PARLE-MOI

Tu viens du village,
Avec tes yeux sages
Humides des larmes
As-tu fui les armes ?
Parles-moi avec ta voix
Ta voix douce et tendre
De ton village en cendre
Et je te montrerai la voie.
Viens-tu des villages occupés ?
Des villages non libérés ?
Là où les enfants ont été brulés ?
Là où les brebis ont été brulés ?
Là où les greniers ont été incendiés ?
Là où les villages ont été calcinés ?
Parles-moi avec ta voix
Tu pleures ?
Tu pleures de l'horreur de la guerre ?
Tu pleures de la douleur ?
De tes cicatrices non cicatrisées ?
De tes blessures terriblement blessées ?
Je comprends ta tristesse
Le choc qui te blesse sans cesse
Je comprends le sens insensé
D'une goutte sur tes joues
Des tes pensées impensées
Qui te donnent des coups
Puis-je te parler ?
Puis-je te conseiller ?
Malgré ton chagrin inconsolable
Malgré le passé incontournable
Je voulais te dire
Que l'Afrique tant déchiré
Tant fragmenté
Va s'en sortir
Sans céder, sans être trahi
Sans céder, sans être verdu.

LA CONFIANCE DISPARAIT, LAISSE LA PLACE A L'HYPOCRISIE

La confiance n'existe plus
De ce monde elle est exclue
Ceux en qui on croit autant
Nous trahissent en un temps.

Ceux d'apparences innocentes,
Ont les attitudes plus indécentes
Ceux-là que nous croyons êtres des gentils,
Sont parfois la cause des martyrs.

Ceux pour qui on peut mourir,
Peuvent librement tirer sur nous
Ceux à qui on donne de l'amour,
De haine, ils sont parfois nourris.

Ceux en qui on confie nos secrets,
Nous donnent des grands regrets
Le frère vend librement son frère
Et cela à cause des minimums frais.

On ne sait donc plus qui est qui
Et qui prendre comme acquis,
Car désormais les gens ont tous deux faces
Et nous font des diverses farces.

Ils nous montrent qu'ils sont saints
Mais le diable vit en leurs seins
Ils nous font croire qu'ils sont nos amis
Mais cherchent à diviser nos familles.

Ceux qui semblent être des bonnes personnes,
Sont ceux qui librement empoisonnent
Ceux qui sourient, tous ne nous aiment
Certains ont face à nous une forte haine.

Mais à qui on doit se confier ?
Mais qui doit-on convier,
A faire partie de notre vie
Et nous donner des avis ?

Si on ne peut répondre à ces questions,
Alors la solidarité, cette cruciale solution,

Ne pourra à tout jamais réussir
Car nos liens ne sont pas endurcis.

Le monde sera pour toujours diviser
Si la confiance n'est plus bien visée
On dira alors bonjour à la solitude
Oh ! Mais quelle grande inquiétude ?
Le monde a mal
Et ça les autres le trouve normal.

NOUS SOMMES UN

Peuple Africain,
Peuple à la race des vainqueurs
Un peuple qui marchait main en main
Demandons-nous aujourd'hui où en sommes-nous.
Hier, nous avons été brûlés sous le feu satanique du vilain
Nous ne devons pas lui donner raison au rendez-vous demain.
Frères de là-bas,
Sœur d'ici
Nos cultures semblent diverses
Mais nous devons vivre en une unité indiscutable.
Hier ils nous ont créés des frontières artificielles
Et tu m'appelles étranger quand je viens chez toi,
Je t'appelle étranger quand tu viens chez moi.
Piège !
Ils nous ont divisés sans jamais nous demander
Leur division n'eut aucun critère
Les membres d'une même famille ont étés divisés par une sale frontière
Qui fait d'eux désormais des étrangers.
L'eau de la mer jaillit
Elle nous dit d'accepter
De nous chérir
De nous unir
Pour faire fuir le fantôme de la haine.
La poussière fait du bruit
Qui contient la voix de nos ancêtres
Qui nous montre la voie
Qui peut nous libérer des ennemis
Qui nous ont pris pour cible.

Ils t'ont dit que tu es le sud
Et moi je suis l'ouest
Elle croit qu'elle vient du centre,
Lui il croit qu'il vient du sud
Et nous voilà dans un combat d'idiots
Se disputant nos propres terres
Manipulés comme des imbéciles
Nous sommes responsables de notre manque de paix.

Africain il est temps !
Que tout le monde se réveille
Que tout le monde reconnaisse qui il est

Que tout le monde sache connaisse sa mission en Afrique.
Nous devons ouvrir grandement nos yeux
Et voir et surtout assumer que nous sommes un.
Ils nous ont divisés
Pour bien nous dominer
Voilà dans notre propre continent on manque à manger
Pourtant nous avons tous ce qu'il nous faut.
Ensemble nous serons plus meilleurs qu'avant.
Unissons-nous afin de combattre pour la juste cause d'Afrique.
Afin de nous libérer de ces chaines
Longtemps liés par nos ennemis
Combattons pour la liberté d'Afrique
Mais surtout battons-nous pour son développement.

MA FIERTE

Toujours obstiné à viser aussi loin
Toujours prêt à quitter sa terre natale
Comme si ailleurs se trouvait son destin
Il devient envieux, et oublie ainsi l'idéal

Il croit qu'une fois qu'il y sera, il sera riche
Tous les jours il rêve, il vole sans ailes
Il y voit la vie en rose, oubliant ses épines
Il croit qu'à l'étranger, l'on n'a pas de "problème "

Il quitte sa famille, son pays, son espoir
Pour aller mener une aventure perdue d'avance
Parce qu'en son potentiel il ne veut croire
Parce qu'en lui et son pays il n'a pas confiance

Il ignore que si tous quittent l'Afrique
Alors le continent perdra sa fierté
Cette fierté qui mourra dans l'atlantique
Prétextant qu'ils voulaient "une vie aisée "

Fuir ses origines, fuir sa terre natale
Changer des cieux, se faire refugié
Voilà ce qui fut ses rêves d'enfances, ses projets
Tout ce qu'il veut, c'est fouler le sol occidental

Ce grand baobab que tous convoitent,
Pour ses feuilles argentées,
Ces racines mielleuses...
Le lui prive d'amour, oublie qu'il est sa fierté

Pour une passagère vie de luxe il prend des risques;
Embrasser l'atlantique, dans des tunnels passer des nuits!
Comme si ailleurs il serait bien accueilli...
Il part en quête du bonheur que manque l'Afrique

Il la laisse! Il laisse l'AFRIQUE... orpheline des semences, et des fils !
La pluie de l'arrière-saison,
Et même pas une moisson
Il pense toujours que l'Afrique est un vice

QU'Y-A-T-IL DANS LA GUERRE

Ils ont bougé le monde
Et réveillé tout le monde
Ils ont semé la terreur
Et mis les cœurs en peur.

Tout le monde craint
Voir nos efforts réduits en rien
Ce qu'on a construit par nos mains
Que soit un effort en vain.

Ils ont déclaré la guerre
Pour effacer notre bonheur
Est-ce vraiment une valeur
Ou c'est nous faire horreur.

Ces attaques d'armes
Ne font que périr les âmes
Elles font couler nos larmes
Et ajouter la souffrance aux hommes.

Est-ce là le développement des nations
Que nous cherchons avec détermination
Est-ce là la dignité de l'homme
Qui est résignée dans ce drame.

Y-a-t-il une récompense
Dans cette horrible vengeance
Même si vous tuez vos frères
Vous ne serez pas éternels sur terre.

Déposez vos armes
Tel est mon cri d'alarme
Arrêtez ces forfaits
Cherchons la paix.

TRISTE EST L'HISTOIRE DU NEGRE

Triste est mon histoire.

Prépare déjà ton mouchoir,
Et prends ta chaise et viens t'asseoir,
Écoute la voix qui te parle dans le noir,
Écoute la voix du vieillard, la sagesse du soir,
Une voix prête pour te dire à dieu et au-revoir
Prête pour se rendre en sa dernière demeure, en son dernier dortoir

Triste est mon histoire
Viens, rejoins-moi au parloir
Procure-toi d'un cahier ainsi que d'un bic bleu ou noir
N'oublie surtout pas, en fait ton mouchoir,
Mon tabac, mon noix de cola, en fin mon boire

Prépare bien ta mémoire, ton répertoire
Enregistre bien mon histoire, acquiers le savoir
Mon histoire est faite de gloire mais surtout de déboires
Je la transmets puisque c'est pour moi un devoir
Exigeant ni récompense, moins encore un quelconque pourboire

Je ne suis qu'un pauvre noir
Tu n'es qu'un pauvre noir
Nous n'avons qu'une seule histoire
L'histoire des nègres, l'histoire des noirs

J'ai connu le comptoir
Contre ma liberté et mon vouloir
Assimilé à la marchandise d'ivoire
Incapable, sans mot, sans pouvoir
Je l'ai enduré comme l'agneau de Dieu sans parole au ciboire
Mes droits qui pouvaient les défendre et les faire valoir
Amener je ne sais pas où, sans espoir
Mon humanité réduite à un instrument d'asservissement cruel et notoire
Simplement parce que tout en moi était noir
Mon père, le diable, le démon, lui aussi était noir,
Et Dieu lui était blanc, le père du responsable de notre abattoir
Mais alors qui pouvait me défendre ? C'est triste mon histoire
S'il te plaît petit fils apporte moi mon mouchoir
Je n'arrive plus, car de mes yeux les larmes ne cessent de pleuvoir

POUR TOI CHERE MAMAN !

Je prends aujourd'hui ma plume
Pour vous présenter une femme
Sortie dans le noir
Mais pour moi, elle est symbole d'espoir.

L'amour est son seul devoir,
Elle n'a jamais pu décevoir
Elle fait tout son possible
Afin de toujours être imbattable.

J'admire maman Aimé pour ses luttes
Dans chaque épreuve elle acquiert une nouvelle dimension
Elle fait tout pour accomplir sa mission
Sur cette terre avant que ses yeux ne réclament les lunettes.

Dieu seul connait son âme
Qui se sacrifie chaque jour sans calme
Pour accomplir nos besoins,
Et pour nous, Katubalondi n'est jamais loin.

Si vous pourriez voir ses yeux,
Qui savent diminuer le taux,
De ma tristesse et me rendent merveilleux
Et éloigne tous mes maux.

On lui a souvent reproché
De dire tout haut,
Ce que d'autres n'ont pas osé
Qu'à demi-mot.

Tolérance est son cœur
La patience fait son bonheur
Les sacrifices pour nous ses enfants font sa force
Et les conseils pour les jeunes font son intelligence.

Je n'ose m'arrêter pour écrire,
Ai-je tout raconté ?
J'ai dû oublier tous ses beaux rires
Qui m'ont tant apporté
Beaucoup de bonheurs et bénédictions.
Et surtout les solutions.
A tant de questions que je me posais

Sans réellement savoir ce que je voulais.

Cette jolie dame a toujours su inventer
Pour moi un tendre parapluie !
Elle a toujours su essuyer
Sur mes joues les larmes de pluie.

Il m'a fallu dix-huit ans
Pour lui offrir un tel cadeau
Qui pourra diminuer un peu de fardeaux
A cette meilleure femme que j'aime tant
A cette créature très différente
A cette femme de qui je suis enfant !
A cette femme insouciante !
Je t'aime maman !

A TOI JEUNE QUI ME LIS

Ne sois pas une vase d'orgueil
Tends souvent tes oreilles
Aux personnes sages qui te conseillent
Ne soit pas conduis par les désirs aveugles

Fait tout en jugeant le bien et le mal
En s'appuyant sur la dignité et ses règles
Et jamais sur ton fameux égal
Soit pour toi et pour les autres normal.

Ne soit pas fanatiques des paraboles
Elles augmentent un débat frivole
Ne règle jamais tes problèmes sur les réseaux sociaux
Fait des prières intérieures à ton Dieu

Prononce clairement tes paroles
Et elles pourront changer ton rival
Ne dis pas aux autres ses défaillances
Car eux, ne pourront jamais faire sa repentance.

N'envie pas ton frère au loin
Car tu ne sais pas le calvaire qu'il passe dans son coin.
Cher jeune, vivre ailleurs ou en ville,
N'est pas un péril.

Ne sois pas un politicien
Apres coup il fera manger les siens
Concentre-toi sur tes objectifs
Soit surtout entrepreneur et plus actif

Car le sens de la vie c'est la lutte
Et en luttant Dieu ne voudra pas ta lutte
Mais, il rendra possible
Ce qui te parait impossible
Fait lui surtout confiance
Et en retour, il te rendra l'intelligence.

JE SUIS AFRIQUE

Je suis Afrique
Cet immense endroit où règne une ambiance pacifique
Avec mon sang noir qui coule dans mes veines
Et la couleur noire réduit toutes mes peines.

Je suis le berceau de l'humanité
Qui a été transformé en tombeau de cruauté
Quelles que soient les souffrances et douleurs
Je fais l'effort de toujours garder les miens dans mon cœur.

Je suis ce beau paysage fantastique
Où soufflent les vents depuis les fleuves
En passant par les grandes villes touristiques
Et mes hautes montagnes ont cachées toutes mes épreuves.

Je suis cette terre des ancêtres
Terre Africaine, terre d'un peuple libre
Et c'est pour lui que mon cœur vibre
Avec la puissance ancestrale des mes êtres.

Africain tu es ma joie mémorable
Même si le malheur est partout ici durable
Tu as une place immense dans ma vie
Africain tu es roi, et mon seul devoir est de faire ton suivi.

COLONISATION

Celle-ci est l'histoire d'un continent
Qui se trouve de l'autre côté de l'océan.
Au début ce peuple vivait sans incident
À l'abri des vices de l'occident.

La vie était bien structurée et organisée
Car chaque membre était impliqué.
Les champs étaient cultivés, les valeurs inculquées
À travers les coutumes et traditions enseignées.

La vie se déroulait sans soucis
Comme dans un petit paradis.
Les gens étaient solidaires et unis
Car c'était leur philosophie de vie.

Pendant ce temps de l'autre côté,
Une invention vient tout bouleverser.
Des industries furent créées,
Pour venir épauler et faire progresser.

L'heure était à la quête des matières premières
Mais aussi des ressources minières.
C'est alors que les experts de la matière
Se sont partagèrent le gâteau d'anniversaire.

C'est ainsi que des navires étrangers
Étaient venus débarqués.
Avec pour Mission de civiliser
Un peuple qui avait déjà un passé.

Le choc fut violent et brutal
Car il était loin d'être amical.
Ce peuple avait combattu avec ses résistants
Qui furent vaincus avec le temps.

Les écoles et églises furent imposées
Pour les aider à nous assimiler.
De nombreuses ressources furent exportées
Pour permettre à l'occident de s'émanciper.

C'est alors que l'Afrique connut une forme de domination
Basée sur l'humiliation et la ségrégation
Voilà que commença le règne de l'occident
Sur un peuple croyant et innocent.

LA JEUNESSE D'AUJOURD'HUI

Elle puise son plaisir dans ce choses éphémères
En oubliant les dogmes qui sont leurs mères
Les jeunes accourent aux choses luxueuses
Plutôt que méditer les choses merveilleuses.

La jeunesse d'aujourd'hui
Cède couramment à la malversation
Les jeunes vivent pour gâter leurs addictions
La jeunesse qui périe est sans vénération.

La jeunesse d'aujourd'hui
Rêve de la surabondance
Mais oublie de travailler
Elle se met à vaciller
Elle gémit avec menace.

La jeunesse d'aujourd'hui
Croît que bâtir son avenir
C'est se baigner dans la piscine
Qu'avoir chaque fois une sortie.

Jeunesse, relèves-toi
Obtient tes avoirs en Dieu
Dans de chose sans émoi
Jeune Relève-toi.

MON CŒUR T'APPELLE...

Et si je te disais que je t'aime
Que sans toi rien n'est bon
Que tu m'es un sublime don
N'aurai-je pas un problème ?

Et si je te disais que tu es belle
Que sans toi tout est en l'envers
Que tu es la vie de mes vers
M'offrirais-tu ta beauté naturelle ?

Et si je te disais que tu es tout
Tout ce qui renferme le beau,
Que oui, tu es comme une eau
Me donneras-tu ton bon gout ?

Et si je disais que sans toi,
Rien ne coule, tout reste sourd
Et là, mon cœur devient lourd
Elimineras-tu mon émoi ?

Et si je t'appelais ma « tendresse »,
La précieuse déesse de ma vie
De moi auras-tu vraiment l'envie ?
Me combleras-tu d'allégresse ?

Et si je venais te chanter l'amour,
Te confesser mes sentiments,
Tous mes vœux à toi tout le temps
Feras-tu de moi ton vrai amour ?

Et si je décrirais ton beau cœur
Ta gentillesse et tes doux mots
Me délivreras-tu de ce fardeau ?
A travers l'éclair de ta splendeur ?

Et si je te disais que tu es ma tête
Me livreras-tu le monde d'humour
M'aimeras-tu bien fort sans détour
Afin que sublime me soit la quête.

QUAND SE FINIT L'AMOUR…

Pleure ton cœur,
Ton chagrin est une fleur,
Le temps atténuera ta souffrance,
Et te fera oublier jusqu'à sa présence.
Les saisons t'accompagneront,
Avec la nostalgie des certaines chansons
Qui raconteront ce que tu ressens
Avec un écho dans le refrain sur tes sentiments.

Tu liras les mensonges d'une lettre d'amour
Tu sauras qu'un jour il n'y aura plus rien en retour
Pas aussi beau que dans le conte de fée
Mais… C'est la vérité
Et quand tu auras assez pleuré
Et qu'un autre beau regarde t'aura croisé
Tu comprendras qu'aimer,
Ne finit jamais avant de le trouvé.

Quand se finit l'amour,
Protège ton cœur
Contre les prochaines déceptions
Afin d'éviter ses tribulations.
Sauve ta dignité
Et arrête de militer pour être aimé
Afin de valoriser ta personnalité
Et là tu verras comment tu seras traité.

LA GALERE...

La Galère
Pas une guerre
La cousine de misère
Mortelle plus que l'ulcère
Grâce à elle on sait qui est sincère
À cause de l'argent tu es prisonnière
Certains te considèrent comme sorcière
Mais seul le bon Dieu connaît ta prière
Le seul remède pour détruire Lucifer
Riche ou pauvre seront au cimetière
Sans travail l'on te réduit à la serpillère
Pour réussir, il faut briser la barrière
Pourtant nous sommes tous poussière
Hélas il y a trop de sacrifices à la rivière
Ouf mais il faut avoir la bonne manière
Après viendra la bonne lumière
Sans prendre des somnifères
Ce jour tu trouveras ta cavalière
Le bonheur sera au menu sur ta culière
Et tu oublieras ces années de charnière
Sans oublier l'effervescence d'une bière
Quel que soit ton statut il faut en être fier.

SI C'EST LA DIFFERENCE DE PEAU

En quoi sommes-nous différents ?
Sinon par la couleur de notre peau
Ils en ont fait de ça un différend
Qui en est aujourd'hui la cause de nos maux

Dans nos champs, ils ont emporté
Notre dur labeur de chaque jour
De nos cris aigus, ils n'en ont pris pitié
Pour eux nous n'étions rien, sinon des vautours

J'ai vu des hommes, des pères
Qui lassent de se plaindre, finirent par coopérer
Leurs larmes transformées en sang, les avaient rendus sans repère
Hommes froids sont-ils devenus, leur liberté en a pris d'un coup, plus jamais on les verra errer

J'ai vu des femmes, j'ai vu des mères
Si tendres, si douces, elles ont vécu l'horreur
La lumière du jour brillait, mais elle était pleine d'ombre, leur cœur de mère se déchira face à la mère
Embrasser ces masques, tel a été leur seule erreur

Poursuivant ma marche, je les ai vus
Jeunes et enfants, par des courroies de fer, ils étaient liés
D'une voix suppliante, ils criaient au lait, mais ils ne les ont point entendu
Fermés par millier dans cette pièce étroite, Il n'y avait personne pour les délier

Ils nous ont appris, mais ils nous ont aussi repris
Tout ce que nous avions de cher, notre trésor
Assoiffés de richesse, de pouvoir, nos vies à leurs yeux n'avaient pas de prix
Et dans ces moments d'affliction, j'en conclus que tout ce qui brille n'est forcément pas de l'or

Sous leurs mains nous avons souffert
Sous leurs pieds, nos âmes ont foulés la poussière
Nous qui autrefois étions de poulets de ferme, ils nous ont transformé en bras de fer
De nos souvenirs, nous n'en seront jamais fiers

Aujourd'hui je les vois de nouveau
Ils disent avoir enterré la hache de guerre, pourtant sur leurs face, je vois encore ces masques
Jamais ils ne changeront, malgré leur apparence d'agneau
Ils pensent nous berner de nouveau, seulement ils ignorent que nous ne sommes plus des êtres flasques

Désormais nous sommes décidés
Nous cèderons plus à l'heure hypocrisie
Car nous ne faisons que préserver notre philosophie
Qui pourra plus tard nous aider.

Seul nous nous en sortirons
Plus besoin de relations hypocrite qui nous mènerons nulle part
Notre Afrique est en elle-même une grande part
Et avec la volonté, loin nous irons.

CONTRAT VICIEUX.

Il t'a juré amour, bonheur et fidélité,
Il a pris la peine de rencontrer tes parents,
Il s'est montré digne de te protéger,
Mais tout ça n'existe plus, c'était avant !

Aujourd'hui il te soumet à ses ordres.
Tu es quittée de sa femme à son esclave,
Il t'impose des pratiques de toutes sortes,
Pour lui, tu n'es point une femme de ménage.

Il te frappe, te menace, te punit, te viole,
Il est sans cœur, tu seras sans bonheur !
À ses yeux tu n'es qu'un simple guignol,
Qui lui sert de plaisir, dépourvue de valeur !

Tu as réalisé qu'il n'était qu'un pervers,
Qu'il entretenait d'autres relations dehors,
Qu'il te battait chaque fois qu'il est en colère,
Toi, qui as dit vouloir l'aimer jusqu'à la mort!

Aujourd'hui tu regrettes, tu pleures,
En pensant lui avoir dit que tu l'aimais !
Tu ne peux plus lui parler, tu as si peur,
Rentrer chez tes parents, tel est ton souhait !

Femme, puisse la prochaine fois
Bien observer, éviter de belles paroles.
Te passer l'anneau n'est pas synonyme de joie,
Ce n'est rien de plus qu'un simple symbole !

Apprend à étudier les comportements
Avant de donner ton accord
Pour éviter plus tard de vivre dans un terrible désaccord
Qui pourra te faire passer le reste de ta vie avec mécontentement

APPREND A T'AIMER

Seul, Devant ton miroir,
Lorsque tu te regardes,
Ne vois pas que ton coté noir,
Vois aussi la beauté que tu gardes.

Admire ta chevelure,
Contemple ton allure,
Sois fan de ta carrure,
Et arrête de te maudire.

Tu ne seras jamais lui,
Vouloir être lui ça te nuis,
Tu n'as pas que des ennuis,
Apprend à voir les étoiles dans la nuit.

Ta taille est la meilleure,
Ta couleur n'est pas une erreur,
Ton poids est spécial,
Ton visage n'est pas crucial.

Tu n'as pas que des défauts,
Tu as aussi des qualités,
L'opinion que tu as de toi c'est faux,
Car tes défauts font ta beauté.

Alors apprend à t'aimer,
Et accepte qui tu es,
Alors arrête de déprimer,
Tu risques de te tuer.

LA LUTTE NE CESSERA GUERE

Tant que nous serons prise sous leurs emprises
Je ne cesserai guère de lutter pour l'unification d'Afrique
Même si je reçois des coups, je me sentirai toujours balèze
Comme tout africain, je supporte et j'ai connu pire et tragédie

On patiente dans la souffrance et pires moments
On a une raison de lutter tant que nos cœurs battront
Ensemble on va se faire des gros montants
Oui c'est juste une question des temps.

Tant qu'ils ne lâcheront pas mon continent
Comme l'a dit Kadhafi, nous serons dent pour dent
C'est vrai que la lutte est une chose qu'on craint
Mais moi comme tout panafricain, la lutte vaut.

Africain, nous ne sommes pas un peuple venu par hasard
L'Afrique a besoin de retrouver ses repères, histoire de nos ancêtres
Ne dites pas que nous nous sommes perdus, on utilise pas le même radar
Moi, je crois à notre changement, on n'utilise pas la même montre.

En nous sont incarnés les âmes de nos héros
Quoi qu'ils fassent nous resterons braves face à leurs égos
Notre lutte actuellement c'est contre l'occident
Malgré qu'ils s'unissent avec certains de nos dirigeants.

Plus jamais ils ne réussiront à nous faire taire
Je vous le confirme, leurs avenirs est précaire
Même si aujourd'hui moi je me perds, ou mourir
Je vous assure qu'un autre lutteur à l'esprit clair naitra

Malgré la longitude de la nuit le soleil s'élèvera.
Braque-moi un calibre
Et je partirai libre.
Donne-moi une arme
Que je tue l'un des occidentaux têtus.

LES REGRETS D'UN ENFANT CRIMINEL

I

Trop jeune, on m'éloigne de l'école,
De mes amis, je change des rôles,
Je ne sais rien, encore innocent
Contrains de faire couler le sang.

Comme vos enfants, je rêvais jouer
Les armes ont remplacées mes jouets
Mes amis, ouf ! C'est compliqué,
Car j'ai toujours les ordres à exécuter.

Moi je joue avec les armes
En faisant couler les larmes
Je danse à chaque coup de bale
A petit feu, je deviens cannibale.

Ils ont désacralisés ma vie,
Leurs enfants jouissent tranquillement de leurs vies
Ne suis-je donc pas comme eux ?
Pourquoi rendre mon futur poreux ?

II

Ma place n'est plus à la brousse
Je suis prêt pour la course
Je n'ai plus le courage de retourner dans ma famille
De peur que je finisse très jeune dans le cercueil.

Plus aucun courage de réintégrer ma communauté
Car je ne suis pas devenu criminel par ma volonté
C'était par peur d'être tué avant l'âge
Et protéger ma famille qui est une femme de sage.

Ceux qui étaient censé nous protéger
Ont changés des missions et désormais nous apprennent à nager
Sous l'œil nu de nos dirigeants,
Mes amis disparaissent en ne laissant dans ce monde aucune trace,
J'en avais marre de cette souffrance
Et dans mon cerveau e n'avais qu'une solution en pensant.
Rendez-moi mon enfance
Enfant rebelle, enfant soldat, vie de souffrance

Trop de charges sur mes épaules
Je veux retourner à l'école.

LE CRIS D'UNE FEMME VIOLEE

I

Je ne sais par où commencer
Mon histoire est noire foncée
Sombres des tout les cotés
Et j'ai même honte de la raconter.

Je suis une femme de Béni
Ma terre est-elle bénie ?
Femme de l'Est, Femme congolaise
Sur mon sol mais jamais à l'aise.

Des crépitements des balles
Tous les jours et ça fait très mal
Aujourd'hui ici, demain là-bas
Sans abri, on nous abat.

Devant mes enfants on me déshabille
Devant mon mari, on me viole
Mes yeux et tous mes organes saignent
Oh ! Quelle honte, quelle peine.

Femme de l'Est, femme délaissée
Qui peut me ramasser
Je me sens seule, isolée
Et je crains être reviolée.

II

Où est passée cette protection
De la dignité de la femme
Si nous ne sommes jamais calmes
Et s'ils gâchent toujours notre réputation.

Comment pourrais-je encore bien éduquer mes enfants ?
Comment pourrais-je encore montrer la bonne voie à mes enfants ?
Si dans leurs présences,
Ils sont spectateurs de ma honteuse souffrance.

La femme n'est pas un objet de plaisir
La femme n'est pas un instrument de divertissement
La femme ne mérite pas à chaque fois de délire
La femme ne mérite toute cet acharnement

Car la femme est une source de vies

La femme est la mère de l'environnement
La femme est le secret des esprits
Et elle mérite de vivre calmement.

DANS MON MONDE

Sur le chemin de la vie
J'ai marché seul parfois
Tu ne sais rien de mes soucis
Que j'encaisse seul à l'aide de la foi

Enfermé dans ma sphère
J'ai dû accepter le principe de la vie
Car je savais que le temps d'un bonheur
Équivaut à aujourd'hui

Enfant au cœur trop lourd
L'hypocrisie d'autrui m'a poussé à ne plus me confier
Je garde haute ma tête pleine de rêve, nuit et jour
Mais le temps que nos rimes traversent me rappelle qu'en ma faveur il ne peut jouer

Si tu me trouves solitaire
Ne m'en veux pas
J'ai juste besoin de rester dans ma sphère
Je suis comme ça

Et tu ne me comprendras pas
Perdu dans ma tête à la recherche d'un repère
Pour mes dizaines d'ambition
Que je voudrais atteindre avant qu'on me mette sous-terre

Enfermé dans mon monde

À chaque levant
Je regarde le soleil
Mes espoirs en suspens
Mes mains tendues au ciel

J'ai très peu de raison de sortir un sourire
Pourtant je le sors
Pour que tu ne puisses pas décrire
En moi, la vraie couleur qui dort

Au jardin de ma solitude
J'essaye de fleurir
Arrosé par mes rêves et mon étrange attitude

Que tu ne pourras jamais décrire

Dans la journée la paix me voit comme un vulgaire passant
Au soir je trouve la mélancolie, dans ma chambre qui m'attend

Prendre le mal en patience, c'est le seul ennemi de mes peines
Car il les efface toutes
Donc elles ont la haine
Quand de la patience, j'en prends ne serait-ce qu'une goutte

C'est mon monde !

Triste
Vide, et sombre comme au mitard
Mais je l'aime bien, il me fait grandir vite
Il m'entraine à être soldat quand je serai adulte plus tard.

MON AFRIQUE

Je pleure ton avenir Afrique ma demeure
Toi qui étais l'auberge des valeurs
Mais tu as perdu tes repères
Et tu incarne la misère.
Malgré ta grandeur
Le malheur
Te serre.
En toi
J'ai la foi
Qu'en toute joie
Et sur une bonne voie
En écho j'entendrai ta voix
Comme un pauvre peuple sans roi
Nous trouverons notre bonheur en toi
Que nous vivions éternellement en joie.

ON SE CONNAÎT DÉJÀ

On meurt un jour, tout le monde va pleurer
L'inconnu seul voit des fous timides errer
Et toi en folles larmes car tu nous connais
On peut tout snober mais l'essentiel jamais

Nos statuts sourds ne diront jamais rien
Appelle et dis-nous ce qu'on te fait de bien
On parle à tout le monde très peu d'amis
La fidélité en cela ne sert que des ennuis

Ils ont marché sur la lune ces faux sages
En virtuel sont riches comme des rois mages
Ils te le feront croire sur tes désirs puérils
Cette plume sans flatterie t'avise au tact viril

On conçoit ce qu'on entend, la vierge le sait
Les dimensions diffèrent, on rêve c'est vrai
L'amour aussi est un état d'esprit émotionnel
Très instable quand il y a plus ce crédit réel

Réalisons nos rêves et non rêver de nos réalités
Triplons d'efforts qu'on enterre dans la précarité
Abuser encore de la vie au lendemain incertain
C'est une autre connerie démentielle et sans fin.

Cris mon nom je saurais que tu as besoin d'aide
Étreint-moi par tes mots doux un vrai remède
À mille lieux d'ici, l'amour dépasse les frontières
Même si l'ennui rend tout sentiment éphémère.

SOLITAIRE...

Je suis seul dans mon monde,
Je suis seul sur mon sentier.
Je vie loin des gens immondes,
Je m'en fou du monde entier.

Je ne sais parler qu'à Dieu,
Car, seul lui sait m'écouter.
Tous les autres m'ont dégoûté.
C'est pour lui que j'ai d'yeux,

Je suis repoussé par tous,
Et la tristesse me ronge.
Je suis abandonné dans la course,
Et de bons amis je songe.

J'assume seul mes difficultés,
Et je pense être bien en sécurité
Je ne tends la main à personne,
Je crois que bien je raisonne.

Je vie loin de leurs méchancetés,
Je vie loin de leurs irrespects.
Personne ne pourra donc m'acheter,
J'aurai ce que tant j'espère.

Même si sur moi la solitude pèse,
Je crois qu'elle est bonne alliée.
Il n'y a qu'elle seule qui m'apaise,
Pour longtemps nous serons liés.

QUAND UNE PORTE...

Quand une porte s'ouvre à toi,
Oublie le passé, ne résiste pas,
Saisis de tout cœur ta chance,
Souris! Puise au fond ta force.

Ne te morfonds pas sur ton sort,
Regarde l'avenir, souris encore,
La terre tourne, le temps file,
Avance ! Oublie ton passé difficile.

Lève-toi ! Prends tes précautions,
Avec fierté, nourris-toi de dévotion,
Va ! Laisse-toi guider par le vent,
Là-dehors, une nouvelle vie t'attend.

Quand la vie t'entraine sous ses vagues,
Comme un poisson sous la mer, vogue,
Car l'univers ne choisit pas au hasard,
N'aie pas peur ! Écris ton histoire.

TU ES PARTIE…

Tu es partie sans un mot,
Tu as aiguisé mes maux.
Coup de poignard dans le cœur,
Vives deviennent mes rancœurs.

Hier tu étais mienne,
Aujourd'hui tu es à autrui.
Je veux que tu reviennes,
Ne me laisse pas détruit.

Existence amère,
Il n'y aura plus de toi.
Et j'attendrai un soir,
Pour me jeter à la mer.

Me reviendras-tu?
Ou bien jamais ?
Ton absence me tue,
Viens me prendre la main.

Mais pourquoi partir,
Laissant tous ces rêves?
Laissant ce martyre,
À mon cœur en grève ?

De toi j'ai besoin,
Pour construire ma vie.
De moi, viens prendre soin,
Toi, pilote de mon navire.

Je t'aimais pourtant,
Je t'ai donné mon temps.
Je t'ai donné de l'attention,
Je t'ai donné de l'affection.

Qu'ai-je fait,

Pour que tu me laisse ?
Qu'ai-je fait,
Pour que tu me blesse ?

Tu manques à mon âme,
Je te veux toujours.
Je coule encore des larmes,
Et ce, tous les jours.

Mon cœur cri,
Manquant de ton amour.
Et moi toujours je prie,
Pensant toujours à nous.

Même loin de moi,
Je vais toujours t'aimer.
Ce, peu importe les mois,
Et peu importe les années.

A TOI MON AMI

À toi mon ami ; j'écris ces doux mots
J'espère bien que ça t'a pèsera les maux
Depuis belle lurette, je rêve de ce moment
Où j'exprime mon amitié aimant.

Moi j'ai toujours essayé d'être bon
Bon comme ce vieux démon
Mais la vie ne nous laisse pas le choix
Ma vie devient dur, je ne sais pourquoi ?

Tout ce dont je te conseille, c'est de ne pas
Suivre ce dont les gens disent de toi
Et quoi qu'il arrive, suis ton âme, pas mes pas
Ais toujours confiance en soi

Mon ami apprend à suivre ta vois intérieur
Prends des risques, et fait ce que ton cœur
Désire. Apprend à respirer, à penser deux fois
Avant d'agir .malgré la perte de la foi.

J'ai fait tellement des choses que je regrette
J'ai lutté et oublier ce qui était mon entête
J'ai voulu montrer aux gens, la vérité en face
Mais les humains n'ont jamais voulu que ça cesse
Tous ces manipulations des consciences et autres....
Beaucoup des gens m'ont pris pour un perd la tête

Ces mots viennent du fond de mon âme
Je ne veux pas voir tombé tes larmes
Je ne veux pas que tu refasses mes erreurs
Je vais que tu vivres loin de mon malheur.

AMOUR DISPARU

Depuis ton départ aux lieux mystérieux
Sans ne me faire aucuns ultimes adieux,
Chaque seconde, minute, je pense
À toi, je m'attriste de ton absence.

Mon immense joie s'assombrit, hélas !
Les douleurs m'affaiblissent. Je suis las
De rester dans cette atmosphère sombre
Où règnent l'obscurité, la pénombre.

Oui, tu m'abandonnes sous le soleil,
Son éclat me frappe, je n'ai sommeil
Il a fallu me laisser sous un arbre,
Je ne suis plus solide tel un marbre.

Les larmes dégoulinent sur mon corps
Comme la pluie ruisselle. Je me mords
Puisque ta Disparition me dévore,
C'est la raison même que je déplore.

Laissée emporter par ce vent impétueux
Sous le coup de ton départ mystérieux,
Je suis en plein désarroi, c'est l'aurore
De mon chagrin d'amour qui fait éclore.

Printed by Books on Demand GmbH, Norderstedt / Germany